W0322864

Egon Rieble: „...em Jesusle isch es langweilig"

KTV

Egon Rieble

... em Jesusle isch es langweilig

„Heilige amol anderscht"

Mundartgedichte
bebildert von Wolfgang Moseler

Konrad Theiss Verlag Stuttgart

Gedankt sei den Pfarrämtern, welche die fotografischen Aufnahmen in den Kirchen erlaubten, den Förderern für ihren finanziellen Beitrag und all denen, die durch ihre ideelle und praktische Mithilfe die Herausgabe dieses Buches ermöglicht haben.

Rieble, Egon:
Em Jesusle isch es langweilig : „Heilige amol anderscht" ; Mundartgedichte / Egon Rieble. Bebildert von Wolfgang Moseler. – 2. Aufl. – Stuttgart : Theiss, 1979.
ISBN 3-8062-0237-0

Die Herstellung der beiliegenden Sprechplatte war mit Unterstützung des Landkreises Rottweil möglich.

Konzeption: Wolfgang Moseler, Egon Rieble
Fotos: Wolfgang Moseler, H. E. Stüver, Sepp Mayer, Rainer Knubben

2. Auflage 1979
© Konrad Theiss Verlag GmbH, Stuttgart 1979
ISBN 3-8062-0237-0
Alle Rechte vorbehalten.

Druck: Grafische Betriebe Süddeutscher Zeitungsdienst, Aalen
Printed in Germany

Inhaltsverzeichnis

Einführung

Schon immer hat es Dichter gereizt, Werke der bildenden Kunst im Gedicht nachzubilden oder zu deuten. Allein mit ausgewählten Beispielen läßt sich, wie ein jüngst erschienener Band gezeigt hat, eine stattliche Anthologie füllen. So gesehen ist der vorliegende Gedichtband nicht ungewöhnlich. Das Aufregende daran ist vielmehr, daß Egon Rieble seine Gedichte zu Kunstwerken im Dialekt schreibt. Der Überraschungseffekt, den er damit erzielt, macht bewußt, wie lange und wie ausschließlich es üblich war, Kunstbetrachtung zu entrücken in eine je nach Situation weihevoll oder akademisch getönte Bildungssphäre und eine ebensolche Sprache. Der Dialekt holt die Kunstwerke wieder herein in den Alltag. Er baut Distanz ab, nimmt den Kunstwerken die weihevolle Aura und leistet hier wirklich, was ihm oft allzu pauschal und blindlings zugeschrieben wird.

Dies gelänge freilich nicht, wäre die dialektale Sprachform nur aufgesetzt, nur Übersetzung des hochsprachlich Gedachten. Der Dialekt lebt vom Gespräch. Davon geht Egon Rieble aus in seinen Gedichten, die er aus dem stummen Zwiegespräch des einfühlsamen Betrachters mit dem Bildwerk entstehen läßt oder aus der Zuwendung zu dem nahestehenden Mitbetrachter, dem er die eigenen Gedanken und Beobachtungen anvertraut. Dieser dem Gespräch verpflichtete Charakter der Gedichte hat nichts mit Geschwätzigkeit zu tun. Vielmehr gewinnt der Leser den Eindruck, daß wie aus langem, stummem Selbstgespräch nur einzelne Einsichten plötzlich auftauchen und mitgeteilt werden, das Konzentrat gleichsam aus langen Gedankenketten. Diese Mitteilungen bleiben ganz persönliche Erfahrung. Da sie Zusammenhänge nur schlaglichtartig erhellen, lassen sie dem Leser Raum zu eigenem Betrachten und Nachdenken oder Widerspruch. So bringt der Autor im eigentlichen Sinn des Wortes diese Kunstwerke ins Gespräch. Er stellt einen vertrauten Bezug her, wie er im ursprünglichen Verwendungszusammenhang der sakralen Kunstwerke wohl gemeint war, und zeigt einen Weg, wie sie aus der Distanz musealer Isolation herausgeholt werden können. Der Titel des Buches kann in diesem Sinn durchaus als Herausforderung verstanden werden.

Nicht nur sprachlich, sondern auch inhaltlich wird ein Horizont vertrauter Alltäglichkeit geschaffen, der es erlaubt, das Bekannte nachzuvollziehen und das Fremde auf diesem Hintergrund deutlicher wahrzunehmen. Der Bezug zur Alltagswelt ergibt sich in diesen Gedichten in überraschend vielfältiger Weise, sei es, daß hinter den Heiligenbildern die dörflichen Urbilder sichtbar werden, oder daß der Leser einen Blick in die Werkstatt des Künstlers tun kann; sei es, daß im Schicksal eines Kunstwerks der Umgang der Menschen mit Kunst über die Zeiten hinweg in seiner Ambivalenz erscheint – in den aktuellen Beispielen: wie Kunstwerke zum bloßen Objekt der konservierenden Denkmalspflege ebenso wie des Kunstdiebstahls werden können.

Das so konturierte Bild wird farbig durch die Fülle von Einzelheiten, angefangen bei dem mit der Bezahlung unzufriedenen Kirchenfenstermaler über die Schramberger und ihre St. Anna-Verehrung bis hin zur Gemeindereform und zum Hinweis, wo in der Leinstettener Kirche der Schlüssel zu suchen ist, wenn man das Nepomuk-Bild ansehen möchte. Aus vielen Details entsteht so ein faktenreiches Bild der Situation sakraler Kunstwerke im Kreis Rottweil, wobei sich der Bogen über mehr als ein halbes Jahrtausend spannt und Gegenwart und

Geschichte erhellend verknüpft werden. Dabei entsteht bei aller Informationsvielfalt keine platte realistische „Dokumentation", sondern der Autor spielt seine Gegenstände, dem Thema angemessen, leichthändig hinüber ins unaufdringlich Hintersinnige, etwa in den Gedichten „D' heiliga Schualmädle vo Aichhalda" oder „Dr Chrischtopherus". Das Bildwerk als Gegenstand mit seiner eigenen Geschichte, die traditionelle Aussage innerhalb eines sakralen Bedeutungssystems und die persönliche Reaktion des Betrachters werden auf reizvolle Weise zueinander in Beziehung gesetzt. Die heitere Unbefangenheit, mit der dies geschieht, trifft, wie man vermuten darf, einen ursprünglicheren Umgang mit sakraler Kunst, entspricht aber auch einer Strömung gegenwärtiger theologischer Neubesinnung.

So schätzenswert der vorliegende Band mithin für ein neues Verhältnis zur sakralen Kunst sein kann – seine eigentliche Bedeutung muß darin gesehen werden, daß Egon Rieble hier einen bemerkenswerten Neuansatz zu einer Heimatdichtung im Dialekt vorlegt. Im Unterschied zu einer Heimatdichtung, die sich in der Reihung allgemein bleibender emotionsauslösender Klischees erschöpft, erweitern seine Gedichte den heimatlichen Wahrnehmungshorizont. Sie geben Orientierungshilfen und vermitteln Fakten. Dabei wecken sie durch eine persönliche Perspektive Interesse und provozieren zu eigenem Nachdenken. Indem der Autor die Kunstwerke in ihren lokalen, sozialen und historischen Bezügen zeigt (die Fußnoten und die „kunstgeschichtlichen Erläuterungen" im Anhang sind in diesem Verständnis wesentlicher Bestandteil dieses Gedichtbands), leitet er den Leser an, seine heimatliche Umwelt bewußter zu sehen, nach dem Warum und Wozu fragen und seinen eigenen Standpunkt innerhalb des heimatlichen Horizonts zu klären. Daß ein solcher Neuansatz zu Heimatdichtung im Rahmen der Mundartdichtung geschieht, kann für beide als Hoffnungszeichen gelten.

Norbert Feinäugle

Kopfundersche

Wenn des guat goht!

Kopfundersche
dr Himmel ra.

Statt daß 'r
mit am Gabriel
ganga wär.

Nu it folga!

Und wenn au d'Muater
vor Angscht fascht
verbobberet.

goht	= geht
kopfundersche	= kopfüber
nu	= nur
it	= nicht
verbobberet	= verzweifelt

Unterm Fuaterlada

Dia zwei
unterm Fuaterlada
hettet d'Spatza
it besser zemmatraga könna.

Und wia se
mitanand guckat,
Und wia se
mitanand dabei send!

Aber se hond
ihra Freid
oanaweag hehlinga.

Und au sell,
daß se a kleis bißle
fuaterneidig send,

weil zwei andere
hond no näher
na dürfa.

Fuaterlada	= Verbindungstür zwischen Stall und Scheune
oanaweag	= trotzdem
hehlinga	= heimlich
sell	= das, selbiges

IHS

D'Gößlinger Schutzmantelmadonna

A Gsicht
we a Madöckle.

Aus am Mantel
guckat Spitzbuaba raus,

sie hond
Mönchkittel danna,

und em Jesusle
uff am Arm
isch es langweilig.

Madöckle = Puppe
danna = an

D'Stettemer Madonna

Mr mont,
's Chrischtkindle tät
Karussell fahra

um sei Muater rum.

Des ischt oane,
dia geit ihm Saures,
und
es gfällt ihm.

mont	= meint
geit	= gibt

D'Himmelahna vo Balinga

„Maria mit Kind,
zu Füßen der Mond,
um 1500"

Wa sait des?

D'Himmelahna vo Balinga
isch es,
und sie woaßt's!

Und 's Kind därf sogar a bißle
unärtig sei.

Ahna = Großmutter

D'Maria i dr Tann

Des send no Zeita gsi,

wo d'Maria no hät
i da Tanna
wohna könna.

Wa hät seller Mesmer gsait?

Seit mr d'Bandita nimme
a Ketta lait,
mueß mr di Heiliga dra lega.

lait = legt

D'Dunninger Engel

Se hond
Infussiona kriagt,
a paar Wocha lang.

Des hät
d'Würm gnomma.

Und no hät a na
dr Schultheiß

uff dr Saline
wieder 's Fliega glehrt.

a na = ihnen

Fridl Hans Schultheiß, Bildhauer und Restaurator, hat in seiner Werkstatt auf der Saline in Rottweil die beiden Putten wieder hergestellt.

Dr Schtualwangaschnitzer vo Kirchberg

Mitta i dr Arbet
will er nimme.

'As Gschirr duat er no sauber
an Platz,

und as a'gfanga
Bälkle loht er igschpannt.

Jetzt könnet dia do doba
mit ihrem Krattl
weitermacha, wenn se's könnet.

Reat hät er,

worum hond se'm dr Brotkorb
so hoch ghengt!

loht = läßt
do doba = da droben
Krattl = Einbildung, Hochmut

D'Hauser-Kirchadüra z' Schramberg

Se glaubet's
um älle Welt it,

daß dr Erich Hauser
dia Kirchadüra gmacht hät.

Aber
wer in dr Schmitta
a so a Maria
hammeret,
dia d'Wehmuat
in da Mandelauga
verschobbet,

dear ka no meih
als a d' Ofarohr'
Knöpf na macha.

Schmitta	=	Schmiede
verschobbet	=	versteckt
meih	=	mehr
Knöpf	=	Knoten
a d'	=	an die

Der Künstler ist mit seinen „Raumsäulen" aus Edelstahl international bekannt geworden.

Am Oberndorfer Himmel

Jetzt könnet ihr
wieder umtreiba

und am Himmel rumklettera
und Bloama
uff d'Leut
ra keia lau.

Aber um's Hor
wär's anderscht ganga.

Ihr könntet griabig
a bißle dankbar sei!

Glaubet's nu:

Wenn dr Robert it wär,
wär's rum
mit dr Seligkeit.

ra keia lau = hinunterwerfen
griabig = ruhig

Robert Gleichauf, baden-württembergischer Finanzminister, bewahrte die Oberndorfer Augustinerkirche vor dem Abbruch und setzte sich für ihre Restaurierung ein.

Ferdinandus sacerdos
Tamen
Caetitia
Heilige CÄCILIA

D'Göllschdorfer Engel und d'Kunscht

Oas isch gwieß:
sie orglat schee,
dia heilig' Zezil
in ihram Suntighäs.

Mr ka bloß hoffa,
daß au d' Engel um sie her
ganz bei dr Sach' send!

Dr Pfarrer hät nemlich sellmol
am Glasmoler spara wella,

jetzt hät 'r dr Seaga:

d' Engel jubilierat zwar –
aber a bißle beleidigt.

Suntighäs = Sonntagskleid
sellmol = damals

„Ferdinandus sacerdos pecunia male fuit – tamen bene canimus laetitia" (Pfarrer Ferdinand hat uns schlecht bezahlt, aber wir jubilieren trotzdem). Dieses Spruchband zu Häupten der Heiligen hatte der Künstler mit Wasserfarbe überdeckt. Jahre später gaben die schwitzenden Scheiben die Inschrift darunter frei.

D' Eva vo Wilflinga

Dia hät
mit am Adam
koa Malär ghet.

Und vo dr Emanzipazio
hät dear sowieso
nint verstanda.

Malär = Malheur
ghet = gehabt
nint = nichts

S·M·MAGDALENA·
S·HE

D' heiliga Schualmädle vo Aichhalda

Des seiat koane
Kunschtwerk,

saget dia Denkmalhüater.

Mr könn's überweißla.

Dia hond doch au
Auga im Kopf.

Wenn se scho it wisset,

daß es Mädle vo Aichhalda send,

dia dr Verkade
zu Heiliga gmacht hät.

Der holländische Malermönch Willibrord Verkade
hat in seinen Heiligenfresken im Kirchenschiff
vierzehnjährige Aichhalder Mädchen abgebildet.

'S Mariale uff am Hardt

Au Biblgschichtle
könnet intressant sei.

Bsonders wenn mr
a so a schees Plätzle hät:

A Mädle
wia zom Mola.

Mit seim Kopftüachle
uff am frisch gschtrählta Hor
und da näckiga Ärm
aus em Miederle raus:

Was i hau no saga wella:

Des Mariale
– Hedwig hoaßt es –
hät neizeahhundertsechsazwanzg
im Rottweiler Gymnasium
's bescht Abidur g'macht.

zum Mola = zum Malen
gschtrählta Hor = gekämmten Haar

Als Modell für diese Maria diente
dem Bildhauer seine älteste Tochter Hedwig.

D' Anna vo Epfadorf

Om an anderscht
ischt d' Anna
an Ahna.

In Epfadorf,
und grad i dr Annakapell,
isch se a liabs
jungs Mädle,

des uff seine
kleine Gschwischterle
uffbasset.

om an anderscht = anderswo
Ahna = Großmutter

D'heilig' Anna vo Schramberg

Sell muaß mr
da Schramberger lau:

Mit dr heiliga Anna
hond se a Fescht.

Sie ischt schiergar koan Tag
ohne Bloama,
dia Heilig'
mit ihrem schöna ernschta Gsicht.

Bsunders am Annatag
wallfahret se zuanera
und stellat Kerza uff.

'S ischt bloß schad,
daß dia Anna koa Anna ischt,

's ischt nemlich a Maria
von 'ra gotischa Kreuzigungsgrupp,

dia scho lang dr Johannes
suacht.

lau = lassen
schiergar = beinahe
zuanera = zu ihr

Seit die Heilig-Geist-Kirche eine richtige Anna-Selbdritt-Gruppe erworben hat, darf die „Anna" wieder ihren Namen Maria tragen!

Dr Mariazeller Kirchdurm z' Eschbronn

Eschbronn ischt on scheena
neiba Nama,
on reacht scheena.

Und 's ischt au
a scheene Oartschaft.

Aber 's schenscht
ischt dr Kirchdurm.

Do ischt graußmächtig
dr Nama vo dr Maria
eigmeißlet,

dr Namenspatronin
vo deam Dorf,

des bei dr Gemeindereform
sein' alta Nama
verlora hät.

neiba = neuer

In das Maßwerk der unteren acht Fenster
des Kirchturms ist je ein Buchstabe des „AVE MARIA"
eingearbeitet.

Dr Chrischtopherus

Dr Christopherus
sei koan Heiliga meh',

saget uff oamol
dia römische Kardinäl.

Er ka's eifach it begreifa,
der Ma,
mit am Bomstamm
i da Händ.

Aber 's Chrischtkindle
lachet drüber,
sell woaßt's besser.

'S Chrischtkind und dr Josef vo Schramberg

Mr sait:
's erscht Wunder
sei bei dr Hozig
in Kana gscheha.

In Schramberg
hät iser Herget
scho als Kind a'gfanga.

'S schtoht
oafach i dr Luft –

und dr Josef
wunderet se it amol.

Hozig = Hochzeit
Herget = Herrgott

Dr Oberndorfer Petrus

Dear kunt glei
mit zwoa Schlüssel daher.

Und was für!

Isch es bloß
weagem Verliera,

oder geit es do
zwoa verschiedene Türa?

Wenn i hinter des käm,
no wüßt i meh
als dr Herr Dekan.

Dr Wendelin vo Lauterbach

Beima goziga Schof
hät er si Schippa
it naitig.

Er macht an Geigastecka draus
und fiedlet,

daß dia heilig' Aget daneaba
schiergar d'Bibel keia loht.

Gozig	= einzig wie Gott
Aget	= Agatha
keia	= fallen
loht	= läßt

Dr Wendelin vo Lauffa

On Königsoh'
im Hirtahäs:

Des ischt
dr heilig' Wendelin.

Mr sieht's neana so schee
we in Lauffa.

Do erweiset ihm
mit da Küah
dr Pfarr, dr Dorfvogt
und dr ganz Gmeinderot
ihre Reverenz.

Hirtahäs = Hirtenkleid
neana = nirgends

Dr Saudonne vom Spital

Dr sell
mit am Glöckle
am Kreuz
ischt dr Saudonne.

Sei Gsicht
hät so viel Kraft,
es tät für älle
14 Nothelfer langa.

Dr Mantel ischt
a Zelt.

Do ka mr's aushalta.
Des sieht mr sogar
deam Säuble a.

Saudonne = St. Antonius der Einsiedler,
dessen Attribut ein kleines Schwein ist.

Dr heilig' Georg vo Neifra

Send lauter
ernschthafte, gschtandene Manna,
dia heiliga Georg,

mit mords Lanza.

Dia z'schaffet hond
mit deana Utierer.

Nu a oam
– dr schtoht z'Neifra –
ischt on Dompteur verlora ganga.

Dear braucht dr Dracha
mit seim Länzle
bloß a bißle
a dr Zunga kitzala,
no ringlet dear Kerle
wia an Korkazieher dr Schwanz.

mords = riesengroße
Utierer = Untiere
nu = nur

Dr Jonas im Walfisch z' Sulz

Worum hät er au it
noch Ninive wella,
dr Jonas, dear Choab!

Jetzt muaß er
sei Strof hau;
aber sell isch gar it so eifach!

Sie wellat's jo älle beide
reacht macha:
dr Walfisch duat's Maul uff,
und dr Jonas macht se dünn,

aber was it goht,
goht it.

Choab = Spitzbube

Der Prophet Jonas widersetzte sich seinem Auftrag, die Heiden der Stadt Ninive zu bekehren, und nahm ein Schiff, das in die entgegengesetzte Richtung fuhr. Als zu seiner Strafe ein fürchterlicher Sturm aufzog, ließ er sich zur Sühne ins Meer werfen, wo ihn ein Wal verschluckte.

Dr Nepomuk vo Leischtetta

Se hond a
vo dr Bruck
in d' Moldau keit.

Z'Leischtetta sieht mr's.

Glaubet bloß it,
dr Nepomuk
häb koa Angscht ghett.

Steiget nuff
uff d' Vorbühne
(dr Schlüssel hanget
am reachte Türabalka),

So seahnet ihr,
wia 's sei Gsicht verschüttlet,
scho vors
uffs Wasser dätscht.

Ihr könnet's glauba:
Dr Nepomuk
schtoht it umasuscht
uff dr Bruck.

keit = geworfen
seahnet = seht

Dr Franz Xaver vo Hochmössinga

Wenn's dr Richtig ischt,
ka's a Nußschal sei.

Mit e'ma Segel druff
vo 'ma Heardepfelsack.

Wenn's dr Richtig ischt.

No nimmt er
's Ruader in d'Hand

und kunnt noch Hinterindien
und wieder hoam

noch Hochmössinga.

Heardepfelsack = Erdäpfelsack (Kartoffelsack)

Franz Xaver bereiste
als Missionar weite Gebiete Asiens.

Dr Gubria

Dr hät mit Gwalt
noch Rottweil wella.

No ischt er
in Himmel kumma.

O Gubria,
wie ka mr au . . .

mit era Feschtkutsch
in Kriag fahra!

Der französische Marschall Guébriant wurde bei der Belagerung Rottweils 1643 verwundet. Er ist in der Dominikanerkirche verstorben.

Dr Teufel vo Zimmern

Jetzt häts es
no gar glei,

hät selle Maus gsait,
wo se d'Katz Bühnesteaga nuff hät.

Jetzt häts es
no gar glei.

No häscht ausgrinst
mit dina Mauszäh
und loscht dine Bockhörnle keia.

Wärscht hunna blieba!

Mit so Maulwurfsflügl
holt mr koan Engel ra.

Steaga = Treppe, Stiege
loscht = läßt
hunna = unten

D' Engel und dr Ulrich vo Schenkazell

Was da Engel
it älles ifällt:

z' Schenkazell hond se
em heiliga Ulrich sei Forell' klaut

und wider in d' Kinzig g'lau.

em heiliga Ulrich sei = seine

Das Attribut des
heiligen Ulrich ist ein Fisch.

Bauratheatr z' Irschlinga

Se schpielet „Karfreitig"
i dr „Krona":

D' Maria, d' Magdale
und d' Salome.

Lauter Irschlinger.

Nu dr Chrischtus
ischt aus dr Stadt.

Es lauft wia
am Schnürle,
und d' Leut send ganz aweg.

Sie merket it amol,
daß d' Salome
dr Chrischtus in dr graußе Zeha klemmt.

nu = nur
aweg = weg
it amol = nicht einmal
klemmt = zwickt

Christus die Vrstend vnd das Leben Wil vnns
die Auferstehung geben HM·V·B· I·5·9·6·
INRI
B E L R R R M
L L H G F M N
Gott dem Herrn zu Glori preis lob vnd Ehren Jme zu ainer gedechtnus had der Edel vnd
von Bubenhofen zu Leinstetten vnd Liechtenfels dise Tafel zurichten lassen / vnd
alls man nach Christi geburd zalt Tausent Funf hundert Neunzig vnd sechs Jar / den

D' Wächter vom Oschtergrab z'Bettahausa

Sie wartet
an älla vier Ecka

und hond älles,
was mr zum Himacha braucht
und honds na griet:

D' Armbruscht, 's Schwert, a Hellebard
und an Morgastern.

Und wa dond se zletscht?

Sie guckat
wia di gschtochna Böck.

zum Himacha	= zum Töten
na griet	= vorbereitet (gerichtet)
zletscht	= zuletzt

Dr Chrischtus vom Sulgerberg

Deam hät's it glanget,
daß er vo da Toda
uffgschtanda ischt.

Er hät aus am Grabtuach
Flügl gmacht

und ischt schnurstracks
a d'Kapelladecke gfloga.

glanget = gereicht, gelangt

D' Engel vom Münschter

Se dond
Reiharosa

und betet

mit da schönschte Hend',
wo's in Rottweil geit.

Reiharosa = Ringelreihen

D'Katharina vo Böhringa

Des ischt a Heilige!

dia dät mr
deam Heuberger
fascht it zuatraua.

Wo dear des Gsicht hearbringt?

Und selle raffiniert
Lock
übern Mantel na!

I traub
ab und zua it ganz,
ob do koan andara
Guller uff dr Mischte gsi ischt.

Der „Heuberger" ist der Meister von Weilen am Heuberg auf der Schwäbischen Alb.

'S Konsolamädle in Heilig-Kreuz

Do ka mr weit laufa,
bis mr i dr Kirch
a so a schees Mädle findet.

Mit luschtiga Auga
und Affaschaukla.

Des muaß se scho friaher
rumgschwätzt hau;

seller Ba'k in ihra Näh'
hät nemlich lang
a Täfele ghet:
„Nur für Männer".

seller Ba'k = jene Bank

I deara Höh'!

Des ka bloß
a deam Weibsbild liega,

wenn on Ma
i deara Höhe

no 's Bierglas naitig hät.

Uff em Woassa-Acker in Heilig-Kreuz

Deam ka mr's
it verarga,

wenn er dr Durscht
it verheba ka.

On Bocksbeutel
ischt on Bocksbeutel,

und bis zur Sichelhenke
goht's no lang.

Woassa-Acker = Weizenacker
verheba = verhalten (beherrschen)
Sichelhenke = Erntefest

'S Jüngscht Gricht am Kapelladurm

Ihr müasset amol gucka,
wer do älles i d' Höll kunnt:

As send sogar Bischöf dabei
und nette Mädle.

'S ischt überhaupt
a intressants Völkle,
was do agsoalet dr Racha
vo deam Moloch hinderegoht.

Aber i hau mr eigentlich des
Aussortiera
a bißle schwieriger vorgschtellt.

Und wenn dr Himmel
so langweilig ischt,
wia dia Gsichter uff dr
reachta Seita:
No gnad' Gott.

agsoalet = angeseilt
hinderegoht = hinuntergeht

Standorte und kunstgeschichtliche Erläuterungen

Seiten 8 und 9

Kopfundersche

„Verkündigung" (Oberbild), Schilfsandstein-Relief des „Christusmeisters", um 1340, Rottweil, Kapellenturm, Nordportalbogenfeld. Der sich von der Seite Gottvaters lösende und im Kopfsprung auf die Gottesmutter zufliegende Gottessohn veranschaulicht die Einheit der göttlichen Person von Gottvater mit dem Sohn und die Menschwerdung durch Maria. Die Bildvorstellung entstammt der Schrift „Lignum vitae" des Pseudo-Bonaventura.

Seiten 10 und 11

Unterm Fuaterlada

„Geburt Christi", Relieftafel von den Flügeln eines Marienaltars, um 1510, (ursprünglich in der einstigen Rottweiler Johanniterkirche) Taufkapelle der katholischen Pfarrkirche St. Gallus in Villingendorf.

Seiten 12 und 13

D' Gößlinger Schutzmantelmadonna

Schutzmantel-Madonna eines oberschwäbischen Meisters, um 1430, Lindenholz, gefaßt, (aus der Pfarrkirche in Gößlingen) Kunstsammlung Lorenzkapelle Rottweil.

Seiten 14 und 15

D' Stettemer Madonna

"Madonna mit Kind", um 1670, Lindenholz, gefaßt, katholische Pfarrkirche St. Leodegar, Stetten ob Rottweil.

Seiten 16 und 17

D' Himmelahna vo Balinga

„Maria mit Kind" eines schwäbischen Meisters aus dem Umkreis Jörg Syrlins des Jüngeren, (aus Balingen, vermutlich aus der evangelischen Stadtkirche) Kunstsammlung Lorenzkapelle.

Seiten 18 und 19

D' Maria i dr Tann

„Maria mit Kind", Gnadenbild, Holz mit Farbfassung, um 1730, aus der Maria-Tann-Kapelle Neukirch, die für das Bildwerk 1743 erstellt wurde. Das Gnadenbild, dessen Ursprung von einer Vielzahl wundersamer Geschichten umrankt ist, stand ursprünglich in einer Tanne.

Seiten 20 und 21

D' Dunninger Engel

Barockputten um 1750, Lindenholz, gefaßt, (vom Dachboden des Pfarrhauses) Turmkapelle der katholischen Pfarrkirche St. Martin, Dunningen, rechte Seitenwand.

Seiten 22 und 23

Dr Schtualwangaschnitzer vo Kirchberg

Stuhlwangenrelief in der Klosterkirche des ehemaligen Klosters Kirchberg, das 1237 gestiftet wurde. Die Klosterkirche, die während des Dreißigjährigen Krieges schwer gelitten hatte, wurde unter Verwendung alter Bauteile 1688 neu aufgebaut. Zu den letzten Ausstattungsstücken der Kirche, die wertvolle Bildwerke aus der Vorgängerkirche beheimatet, gehört das Kirchengestühl mit seinen in die Seitenwangen geschnitzten Schelmereien. Den Abschluß bildet eine Selbstdarstellung des Künstlers, der auf der Rücklehne einer Bank (Mittelgang, rechts) sein Zeichen LMB und die Jahreszahl 1748 eingeschnitten hat.

Seiten 24 und 25

D' Hauser-Kirchadüra z' Schramberg

„Maria mit Kind", Kupfertreibarbeit von Erich Hauser, 1958, Teil eines Marienzyklus an den Kirchentüren der Stadtpfarrkirche St. Maria in Schramberg.
Diese Kirchentüren gehören zu den wenigen gegenständlichen Arbeiten, die Hauser in den Fünfzigerjahren geschaffen hat.

Seiten 26 und 27

Am Oberndorfer Himmel

Stuck-Engel von Andreas Heckel an der Decke der ehemaligen Augustiner-Kloster-Kirche in Oberndorf (rechte Frontseite des Langhauses). Die von Christian Großbayer 1722–1777 erbaute Kirche mit ihren auf Doppelpilastern ruhenden Stichkappen-Gewölben erhält ihren besonderen Rang durch die Deckengemälde von Johann Baptist Enderle (1725–1797) und die lebendigen Stukkaturen von Andreas Heckel. Die Kirche, die lange Zeit als Depot, Pferdestall und als Materiallager für eine Gewehrfabrik diente, sollte abgerissen werden. Nach einer beispielhaften Renovierung ist sie in Rokoko-Schönheit wieder erstanden.
Die Renovierung wurde unterstützt durch das Land Baden-Württemberg, den Landkreis Rottweil, die Stadt Oberndorf und den Verein zur Erhaltung des Augustinerklosters.

Seiten 28 und 29

D' Göllschdorfer Engel und d' Kunscht

Cäcilienfenster auf der Orgelempore in der 1955 erbauten katholischen Pfarrkirche St. Franz Xaver in Göllsdorf. Das Cäcilienfenster ist ein Werk von Prof. Albert Birkle, Salzburg, einem der Bahnbrecher moderner Glasmalerei, dessen Göllsdorfer Kreuzweg in der Kunstwelt große Beachtung gefunden hat. So lag es nahe, dem Künstler auch den Auftrag für sein großes Cäcilienfenster zu geben.
Ausführung Glasmalerei W. Derix, Rottweil

Seiten 30 und 31

D' Eva vo Wilflinga

Erschaffungsfenster aus dem „Wilflinger Credo" von Albert Birkle, 1957, Antikglas, katholische Pfarrkirche St. Gallus, Wilflingen.

Seiten 32 und 33

D' heiliga Schualmädle vo Aichhalda

Über die Entstehungsgeschichte der 24 Fresken in der katholischen Kirche Aichhalden hat Verkade in Briefen vom 20. August 1906 und vom 16. September 1906 an seinen Pariser Malerfreund Maurice Denis berichtet:
. . . „Für alle meine Heiligen lasse ich mich durch die Natur begeistern. Das ganze Dorf steht zu meiner Verfügung . . .
. . . Ich habe bisher 24 Halbfiguren gemacht. Davon sind mehrere gut. Fast alle habe ich nach der Natur gemalt. Es sind eine heilige Agnes, Cäcilia, Lucia und Barbara in modernem Gewand, weiße Kleider, wie sie Ihre Töchter tragen. Ich habe da-

für 14jährige Mädchen gewählt. Das ist entzükkend ... Dabei ist auch eine heilige Bauernmagd, die heilige Notburga; sie ist in Landestracht gekleidet, ähnlich derjenigen, die man in der Bretagne sieht, mit schwarzem Samtmieder und Silberschmuck ... Diese Bilder haben etwas von der Art der Landschaft, wo sie geschaffen sind; sie sind sehr lebendig und sehenswert ... "

Seiten 34 und 35

S' Mariale uff am Hardt

„Mutter Anna mit Maria", 1918, Lindenholz, gefaßt, von Bildhauer Wilhelm Klink (1874-1952), Horb, in der katholischen Pfarrkirche Hardt.

Seiten 36 und 37

D' Anna vo Epfadorf

Anna Selbdritt, 1700, Lindenholz, gefaßt, St. Anna-Kapelle Epfendorf.

Seiten 38 und 39

D' heilig' Anna vo Schramberg

„Trauernde Maria" einer Kreuzigungsgruppe, um 1500, Chor der Stadtpfarrkirche Heilig-Geist, Schramberg.

Seiten 40 und 41

Dr Mariazeller Kirchdurm z' Eschbronn

Turm der Pfarrkirche St. Markus in Eschbronn (Ortsteil Mariazell), der 1607-1608 von „Meister VR" in gotischer Weise verändert wurde.

Seiten 42 und 43

Dr Chrischtopherus

Christophorus-Brunnen: Christophorus-Statue auf einer Renaissance-Säule mit korinthischem Kapitell (Kopie), 1622, Rottweil, Friedrichsplatz.

Seiten 44 und 45

'S Chrischtkind und dr Josef vo Schramberg

„St. Joseph mit Kind", um 1770, Lindenholz, gefaßt, katholische Stadtpfarrkirche St. Maria, Schramberg.

Seiten 46 und 47

Dr Oberndorfer Petrus

„St. Petrus", 18. Jahrhundert, katholische Stadtpfarrkirche Oberndorf, Richtung Orgelempore rechts.

Seiten 48 und 49

Dr Wendelin vo Lauterbach

„St. Wendelin", um 1680, Lindenholz, gefaßt, katholische Pfarrkirche St. Michael, Lauterbach.
St. Wendelinus ist nach der Legende ein iro-schottischer Königsohn, der auf den Thron verzichtete und ein Klausnerleben führte. Später wurde er Abt von Tholey. Er starb 617.

Seiten 50 und 51

Dr Wendelin vo Lauffa

Votivbild in der katholichen Pfarrkirche St. Georg, Lauffen, mit der Inschrift: „Zu Lob und schuldigster Dankbarkeit gegen der aller Heiligsten Dreifaltigkeit hat eine gesambte Bürgerschaft von Lauffen wegen gewester Viehseich diese Tafel anhero verlobt 1797".

Das war, wie alte Akten aus dem Rathaus Lauffen zeigen, am 14. April 1796. Hierin wird von der Viehseuche gesagt, sie habe „300 Stück Vieh leider entrißen & von Ungefähr einen Schaden an Verlust & Auslag von 36 000 Gulden zugezogen". Dann werden die Heiligen genannt, die man um „ihre großgiltige Fürbitte bei Gott" anflehen müsse, „weil an sonsten bei obbesagten Zustande kein anderes Mittel erfunden worden ...": neben dem Kirchenpatron St. Georg und St. Gallus wird auch St. Wendelin genannt!

Unterschrieben hat diese Rathausakten der Vogt Anton Bucher (im Bild hinter dem Pfarrer kniend!). Der im Gedicht angesprochene Gemeinderat von Lauffen setzte sich, wie aus einer anderen Rathausakte ersichtlich ist, im übrigen zusammen aus Namen, die man heute noch dort antrifft, wie „Rapp", „Hopt", „Banholzer", „Keller", „Müller" usw.

Seiten 52 und 53

Dr Saudonne vom Spital

„Antonius der Einsiedler", um 1500, Lindenholz, gefaßt, in der Spitalkapelle Rottweil, die in ihrer Verbindung von Gotik und Moderne einen der stilvollsten Sakralräume Rottweils darstellt. Zu dem „heiligen Antonius" kommen weitere bedeutende Holzbildwerke aus Gotik und Barock. Um 251 bei Heraklea in Oberägypten geboren. Er starb 356 im Alter von 105 Jahren. Große Verehrung erlangte der Heilige als Helfer bei ansteckenden Krankheiten von Mensch und Tier, besonders bei dem im Mittelalter oft pestartig wütenden „Antoniusfeuer" und dem Rotlauf der Schweine.

Die Vierzehn Nothelfer sind übrigens eine Gruppe von 14 Heiligen, die nicht nur einzeln, sondern in ihrer Gesamtheit als hilfreiche Fürbitter bei Gott verehrt und angerufen wurden: Es sind die Heiligen Georg, Blasius, Erasmus, Pantaleon, Ägidius, Vitus, Christophorus, Dionysius, Cyriakus, Achatius, Eustachius, Katharina, Margaretha und Barbara.

Seiten 54 und 55

Dr heilig' Georg vo Neifra

St. Georg mit Drachen, um 1520, Lindenholz, gefaßt, katholische Pfarrkirche St. Dionysius, Neufra, rechte Seitenwand. St. Georg, ein Krieger höheren Ranges aus Kappadozien, wurde wahrscheinlich unter Diokletian enthauptet. Der Drachenkampf, der im späten Mittelalter bei Darstellungen des Heiligen eine große Rolle spielte, ist im 11. Jahrhundert in seine Legende aufgenommen worden. – Besonders volkstümlich wurde der Heilige durch die Aufnahme in die Gruppe der vierzehn Nothelfer.

Seiten 56 und 57

Dr Jonas im Walfisch z'Sulz

Farbfenster von Wilhelm Geyer, Antikglas, in der Taufkapelle der katholischen St. Johannes-Kirche in Sulz am Neckar.

Seiten 58 und 59

Dr Nepomuk vo Leischtetta

Ölgemälde um 1780 auf der Orgelempore der 1558 spätgotisch erbauten Kirche zum heiligen

Stephanus in Leinstetten. – Johann von Nepomuk wurde am 20. März 1393 von König Wenzel wegen seiner Weigerung, das Beichtgeheimnis zu brechen, in Prag in die Moldau gestürzt. Heilig gesprochen wurde er im Jahre 1729. – Besonders interessant an dem Bild in Leinstetten ist die Tatsache, daß beim Brückensturz des Heiligen Heiligenschein und Birett vorausfallen. Der Kranz der fünf Sterne, eines der Attribute des Heiligen, ist ein Hinweis auf den Lichterglanz, der, zufolge der Legende, den Leichnam umstrahlte, als dieser sich aus dem Wasser erhob.

Seiten 60 und 61

Dr Franz Xaver vo Hochmössinga

„St. Franz Xaver", 18. Jahrhundert, Agatha-Kapelle, Hochmössingen. – Franz Xaver wurde 1506 auf Schloß Javier in Navarra geboren. Er wurde päpstlicher Legat in Ostindien. Der „Apostel Indiens und Japans" starb 1552.

Seiten 62 und 63

Dr Gubria

„Belagerung von Rottweil 1643", Deckengemälde von Joseph Wannenmacher (1722–1780), Dominikanerkirche Rottweil.

Seiten 64 und 65

Dr Teufel vo Zimmern

Der Erzengel Michael im Kampf mit dem Drachen (Teufel), von Wilhelm Klink, 1938, Lindenholz, gefaßt, Taufkapelle der katholischen Pfarrkirche St. Konrad, Zimmern ob Rottweil.

Seiten 66 und 67

D'Engel und dr Ulrich vo Schenkazell

Deckengemälde in der 1774 von dem fürstenbergischen Hofbaumeister Salzmann erbauten katholischen Pfarrkirche St. Ulrich in Schenkenzell. Auf dem Deckengemälde erscheint im Zusammenhang mit dem Kirchenpatron St. Ulrich auch eine Schenkenzeller Familie in ihrer Tracht. Dabei wird im Blick von oben Schenkenzell mit dem Kinzigtal sichtbar.

Seiten 68 und 69

Bauratheatr z' Irschlinga

„Beweinung Christi aus Maria Hochheim", Lindenholz, gefaßt, in der katholischen Pfarrkirche St. Martin in Irslingen. Die der „Falkensteiner Beweinung" in der Falkensteiner Kapelle in Schramberg nachempfundene und nachgebildete Beweinungsdarstellung entstand 1639. Der Name Hans Nothard auf der Rückseite, der den Stifter bezeichnen dürfte, und die Widmung „Barbara Sternen Sein Ehlich Husfrauw" sowie die zu beiden Namen gehörigen Familienwappen deuten auf ein privates Andachtsbild hin.

Obwohl die Darstellung weniger frei ist als die Beweinung aus St. Georgen und der Künstler über vergleichsweise bescheidene Mittel verfügt, trägt dieses Werk die originelleren Züge. Es ist eine Kunst, die in ihrer bäuerlichen Naivität etwas Verfremdendes hat.

Jede der Gestalten, die den Leichnam umgeben, ist einer Wunde zugeordnet: Johannes – Kopfwunde; Maria – Herzwunde; Maria Magdalena – Handwunde; Maria Salome – Fußwunde.

Seiten 70 und 71

D' Wächter vom Oschtergrab z' Bettahausa

„Auferstehung Christi", Tafelgemälde aus dem Jahre 1596 in der katholischen Pfarrkirche St. Konad in Bettenhausen. Das Bild ist mit den Worten überschrieben: "Christus die Urstend und das Leben, Wil unns di Auferstehung geben" (Urstend ist das althochdeutsche Wort für Auferstehung). Der Stifter des Bildes ist Hans Marx von Bubenhofen. Auf ihn weisen das Monogramm Hm. V. B. und die folgende Inschrift unter dem Bild hin: „gott Dem Herrn zu Glory preiß Lob und Ehren – Ime zu ainer gedechtnus hat der Edel und verst Juncker Hans Marx von Bubenhofen zurichten lassen – und ward volendet alls Mann nach Christi geburd zählt Tausend Fünf hundert Neunezig und Sechs Jahr – den X. tag hornungs".

Seiten 72 und 73

Dr Chrischtus vom Sulgerberg

Auferstehungs-Christus um 1700, Lindenholz, gefaßt, am Chorbogen der Marienkapelle auf dem Sulgerberg in Schramberg-Sulgen. Diese entstand in den Jahren 1935-1936 auf den Grundmauern einer romanischen Kapelle. Von der beliebten Wallfahrtskirche aus hat man einen weiten Blick über die Schwarzwaldberge.

Seiten 74 und 75

D'Engel vom Münschter

„Anbetende Engel", Tafelgemälde eines „Meisters aus Rottweil", um 1440, Heilig-Kreuz-Münster Rottweil, südliches Seitenschiff, Turmwand. Das Engelbild war Teil des einstigen Flügelaltars im Chor. Andere Bilder jenes Altares, „Ausgießung des Heiligen Geistes" und „Martyrium der heiligen Ursula", befinden sich auf Schloß Lichtenstein, eine „Himmelfahrt Christi" im Diözesanmuseum Rottenburg und eine „Anbetung der Könige" im Württembergischen Landesmuseum Stuttgart.

Seiten 76 und 77

D' Katharina vo Böhringa

Meister von Weilen: heilige Katharina, um 1520, Lindenholz, gefaßt, auf dem Hochaltar der kath. Pfarrkirche St. Silvester in Böhringen (vom Meister von Weilen stammt auch der auf dem Hochaltar stehende hl. Johannes, Evangelist). Der Meister von Weilen hat seinen Namen von den von ihm geschaffenen Figuren des Hochaltars in Weilen unter den Rinnen im Zollernalbkreis. Er tritt in der Kunstgeschichte auch als „Meister des Heinstettener Altars" auf. Im Landkreis Rottweil finden sich Werke des Meisters von Weilen in der Kunstsammlung Lorenz-Kapelle, in Neukirch und auf dem Münsterplatz (Georgsbrunnen).
Die Lebensdaten von Katharina von Alexandrien sind historisch nicht faßbar. Nach der Legende hat die christliche Prinzessin dem heidnischen Kaiser Maxentius widerstanden. Bei der ihr anbefohlenen Disputation mit fünfzig Philosophen hat sie diese nicht nur widerlegt, sondern sogar bekehrt! Von den sonstigen Attributen der Heiligen (Rad, Buch, Schwert) zeigt die „Katharina" des Meisters von Weilen nur das Schwert, das auf ihren Märtyrertod hinweist.

Seiten 78 und 79

'S Konsolamädle in Heilig-Kreuz

Spätgotische Konsolenfigur, Heilig-Kreuz-Münster Rottweil, südliches Seitenschiff, in der Nähe der Turmwand. Das Netzgewölbe des Heilig-Kreuz-Münsters birgt nicht nur einen Schatz von ausnehmend schönen Schlußsteinen, sondern auch von ebenso originellen wie lebendigen Konsolensteinen, die in ihrer Bildlichkeit, im Unterschied zu den Schlußsteinen – deren Träger sie sind! – mehr im Irdischen gründen. Das Zusammenspiel von Konsolen- und Schlußsteinfiguren ist besonders vielgestaltig im südlichen Seitenschiff des Münsters.

Seiten 80 und 81

I deara Höh'!

Spätgotischer Konsolenstein, Heilig-Kreuz-Münster Rottweil, Nepomukkapelle, südliches Seitenschiff.

Seiten 82 und 83

Uff em Woassa-Acker in Heilig-Kreuz

Stuhlwange, 18. Jahrhundert, Heilig-Kreuz-Münster Rottweil, Mittelgang, rechts. – Stuhlwangen sind handwerkliche Leistungen von künstlerischem Rang. Solche Kleinkunst mit ihren volkstümlichen Genrebildern aus dem täglichen Leben, oft auch ironisiert, verzerrt, verschnörkelt, ist in großer Vielfalt im Heilig-Kreuz-Münster zu finden. Ihre stilistische Spannweite reicht vom Barock bis in unser Jahrhundert.

Seiten 84 und 85

'S Jüngscht Gricht am Kapelladurm

„Jüngstes Gericht", Schilfsandstein-Relief des „Christusmeisters", um 1340, Rottweil, Kapellenturm, Westportalbogenfeld (Ausschnitt). Der Kapellenturm, der als Ereignisort des „Rottweiler Stils" in die Kunstgeschichte eingegangen ist, hat drei Portalbogenfelder mit Sandsteinreliefs aufzuweisen (vgl. auch „Verkündigung"; Gedicht: „Kopfundersche").